Inhalt

Vorwort

Ein Garten macht Spaß! Im Frühjahr, wenn die Erde noch ganz nass vom Winter ist, blitzen die ersten Schneeglöckchen und Krokusse heraus. Im Mai grünt und blüht es auf Bäumen, Sträuchern und in den Beeten. Erste Kräuter duften schon an windgeschützten Plätzen. Richtig üppig wird es zwischen Juni und August: Da darf geerntet, gepflückt und genascht werden.

Für Kinder ist ein Garten der ideale Ort, um erste Erfahrungen mit der Natur, dem Säen, Wachsen und Gedeihen, zu machen. Unter Anleitung eines Erwachsenen können schon Kinder im Kindergartenalter Samen ausbringen, Setzlinge einpflanzen, gießen, das Wachstum bestaunen – und natürlich die Früchte ihrer Arbeit ernten. Das bringt nicht nur viel Freude, es macht auch stolz und selbstbewusst, zu beobachten, wie die selbstgesäten Samen keimen, wachsen und schließlich zur Blüte oder Frucht heranreifen.

Und wer keinen Garten hat, kann all das auch in einem Minigarten im Blumentopf erleben, denn der passt auf den Balkon oder sogar auf die Fensterbank!

Der bekannte Kinderbuch-Illustrator Fritz Baumgarten hat zauberhafte Bilder gezeichnet, die die fröhliche Stimmung und bunte Pracht der Natur widerspiegeln. Das vorliegende Buch lädt mit zahlreichen gärtnerischen Tipps und Anleitungen, Rezepten, Liedern, Bauernregeln, Gedichten und Geschichten dazu ein, mit der Familie viele schöne Stunden im Garten zu verbringen.

Was man braucht

Handspaten

Einen Handspaten benötigt man, um Erde in Töpfe zu füllen, Löcher in den Beeten auszuheben und Blumen oder andere Gewächse einzupflanzen. Mit der Unterseite des Spatens kann man die Erde nach dem Einpflanzen wieder festklopfen. Außerdem eignet er sich gut, um Grasstücke auszuheben, ein neues Beet vorzubereiten oder Wurzeln zu zerteilen.

Rechen

Mit dem Rechen wird die obere Erdschicht etwas aufgelockert oder die zu bearbeitende Fläche geglättet. Auch kann man damit prima Rillen zum Samensäen ziehen, die Rillen nach dem Einstreuen füllen und die Erde andrücken. Ein Rechen ist ferner ideal, um Laubreste und Grasschnitt zusammenzukehren.

Eimer

Mit dem Eimer trägt man Erde, Kiesel, Steine oder Sand zu der Stelle im Garten, wo diese gebraucht werden. Man kann darin auch verschiedene Erdsorten mischen, andere Dinge transportieren oder kleinere Gartengeräte aufbewahren. In größeren Eimern werden Gartenabfälle gesammelt.

Gießkanne

Um das Wasser zu den Pflanzen zu transportieren, benötigt man eine Gießkanne. Es gibt verschiedene Aufsätze, damit man entweder mit einem dicken Strahl wässern oder aber mit dem Brauseaufsatz die Pflanzen duschen kann. Für Zimmerpflanzen eignen sich kleinere Gießkannen am besten.

Blumentöpfe/Saatschalen

In Saatschalen oder Blumentöpfen werden Pflanzen aus Samen gezogen. Hier können sie wachsen, bis sie groß genug sind, um umgetopft oder ins Beet gesetzt zu werden. Am besten legt man sich einen Vorrat an verschieden großen Töpfen zu, damit die Pflanzen in einen größeren Topf gepflanzt werden können, wenn der alte zu klein wird.

Untersetzer/Übertöpfe

In Untersetzern oder Übertöpfen wird das Wasser aufgefangen, das aus den Blumentöpfen abfließt. Wenn der Topfboden keinen Rand hat, sollte man besser zwei bis drei flache Kieselsteine unterlegen, damit sich keine Staunässe im Übertopf bildet. Staunässe kann bewirken, dass die Pflanze eingeht.

Samen aussäen und Zwiebeln setzen

Manche Pflanzen wachsen aus Samen, andere aus Zwiebeln, aber bei der Anzucht gibt es keine großen Unterschiede. Man geht dabei folgendermaßen vor:

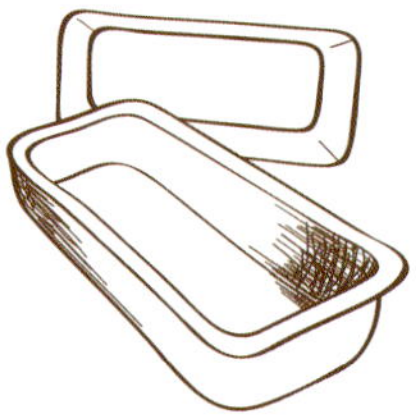

Man benötigt eine **Saatschale mit Deckel** oder einen kleineren Blumentopf mit Untersetzer und einen Frischhaltebeutel.

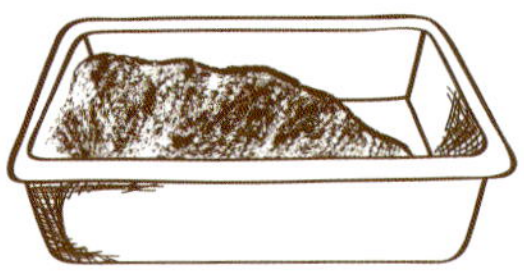

Zuerst füllt man die Saatschale oder den Blumentopf bis ca. 2 cm unter den Rand mit **Erde**. Diese muss dann gut angefeuchtet werden.

Zwiebeln setzt man mit dem spitzen Ende nach oben in die Schale bzw. in die Mitte des Topfes. Mehrere Zwiebeln werden eng zusammen gesetzt. Dann bedeckt man sie mit Erde, sodass nur noch ein kleiner Teil der Spitze herausschaut.

Große **Samen**, wie z. B. Kapuzinerkresse, werden ca. 1 cm tief in die Erde gedrückt, kleinere Samen, wie z. B. Mohnsamen, streut man in die Schale oder den Topf und bedeckt sie leicht mit Erde.

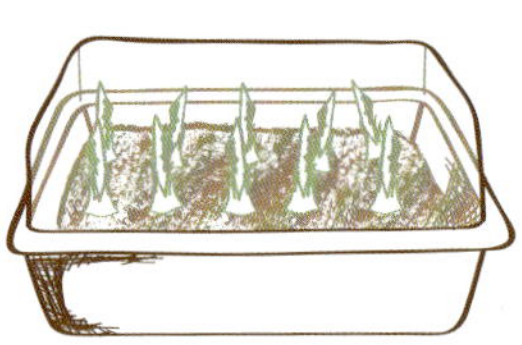

Bevor man den **Deckel** auf die Schale setzt bzw. den Topf mit Samen oder Zwiebeln jetzt in einen Frischhaltebeutel setzt und zubindet, gießt man sie noch ein wenig. Dann stellt man sie an einen dunklen, warmen Ort. Sobald die ersten Triebe kommen, muss die Abdeckung entfernt werden und die Pflänzchen müssen an einen hellen Ort gestellt werden. Es ist wichtig, die Erde immer feucht zu halten.

Anzuchtgefäße selber machen

Statt Blumentöpfe oder Saatschalen zu kaufen, kann man Anzuchtgefäße auch ganz leicht selber machen. Dazu benötigt man Joghurtbecher oder Margarineschalen, in deren Boden dann ein paar Löcher gebohrt werden, damit das Wasser abfließen kann. Das ist wichtig, weil sonst die Wurzeln schimmeln könnten und die Pflanzen eingehen. Plastikschalen von Obst und Gemüse sind ebenfalls geeignet; hier sind häufig bereits Löcher vorhanden. Wer möchte, kann die Gefäße mit Lackstiften bemalen, damit sie schöner aussehen.

Zum Bemalen von unlackierten Tontöpfen eignen sich entweder spezielle Terracotta-Stifte oder Acrylfarben. Wenn die Töpfe draußen stehen sollen, empfiehlt es sich, die Töpfe mit wetterfestem Klarlack zu überziehen. Dann bleiben die Farben schön strahlend.

Kresse lässt sich ganz leicht in leeren Eierschachteln ziehen: Man legt etwas Watte in die Vertiefungen, feuchtet sie gut an und streut jeweils ein paar Samen darauf. Die Watte muss immer gut feucht gehalten werden, dann sprießen nach ein paar Tagen schon die ersten Triebe. Die Keimlinge können nach ca. einer Woche geerntet werden. Eine schöne Idee für das Osterfest ist es, nur jede zweite Vertiefung mit Kresse zu bepflanzen und dazwischen Ostereier zu legen.

Vermehrung durch Stecklinge

Viele Sträucher und strauchartige Pflanzen lassen sich durch Stecklinge vermehren. Hierfür eignen sich z. B. Thymian oder Lavendel. Für die Vermehrung benötigt man einen Blumentopf, Anzuchterde und natürlich einen Steckling.

Zuerst füllt man den Topf bis zum Rand mit Anzuchterde. Die Erde sollte nicht zu fest angedrückt werden.

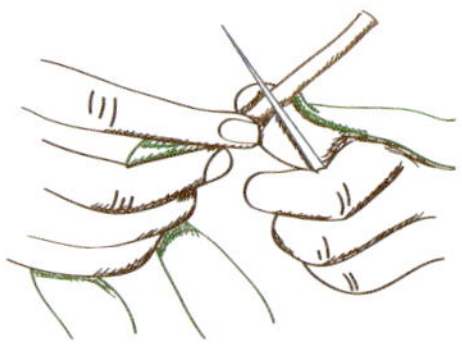

Dann schneidet man von der Mutterpflanze eine Triebspitze mit Stängel und ein paar Blättern ab. Dieser Steckling sollte ungefähr 8 cm lang sein.

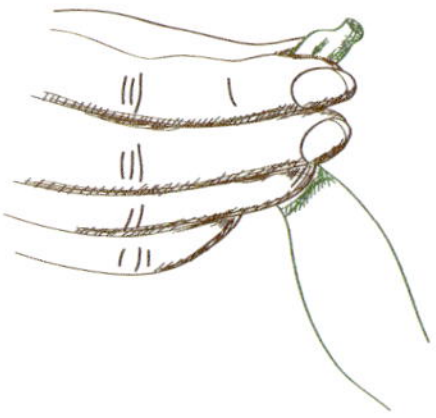

An den unteren 3 cm des Stängels werden nun die Blätter entfernt, ohne dabei den Stängel zu beschädigen. Sind Kinder beteiligt, so sollte ein Erwachsener aufpassen, dass sie sich mit dem Messer nicht verletzen.

Dann wird der Steckling in die Mitte des vorbereiteten Topfes gesteckt und die Erde um ihn herum festgedrückt, damit der Steckling nicht umkippt.

Jetzt muss der Steckling gut gegossen werden. Es ist wichtig, dass die Erde nicht austrocknet. Nach ein paar Wochen sind genügend Wurzeln gewachsen, damit der Steckling fest in der Erde sitzt.

Umtopfen und umsetzen

Wenn die Pflanze zu groß für das Anzuchtgefäß wird, muss sie umgepflanzt werden. Das erkennt man spätestens dann, wenn unten aus den Wasserlöchern im Topf schon die Wurzeln herauskommen. Sobald die Pflanze wieder mehr Platz für ihre Wurzeln hat, wächst sie weiter. Man kann die Pflanze entweder in einen größeren Topf umpflanzen oder, wenn sie dafür geeignet ist, in ein Beet im Garten.

Für das Umtopfen benötigt man einen größeren Topf, der zur Hälfte mit Erde gefüllt wird. Man sollte so viel Platz lassen, dass der Wurzelballen der Pflanze gut hineinpasst.

Die Pflanze wird nun vorsichtig aus dem Topf geholt, indem man sie nah an der Erde umfasst, den Topf umdreht und ihn entfernt. Das ist ganz einfach, wenn die Erde nicht zu feucht ist. Wichtig ist, dass die Wurzeln dabei nicht verletzt werden.

Anschließend schüttelt man etwas von der alten Erde ab, stellt die Pflanze in ihren neuen Topf und füllt außen herum alles mit frischer Erde auf. Jetzt muss die Pflanze nur noch gegossen werden, dann fühlt sie sich wieder wohl.

Wer die Pflanze in ein Beet pflanzt, muss zunächst ein entsprechend großes Loch graben. Danach wird die Pflanze, wie oben beschrieben, aus ihrem Topf genommen und in das Loch gesetzt. In die Lücken wird Erde gefüllt und festgedrückt. Wenn die Pflanze sicher im Beet sitzt, muss sie nur noch gegossen werden. Manche Pflanzen, wie z. B. die Zitronenmelisse, breiten sich ganz schnell durch ihre Wurzeln aus. Um zu verhindern, dass sie das ganze Beet überwuchert, ist es ratsam, sie mitsamt dem Topf einzupflanzen. Er verhindert, dass sich die Wurzeln ausbreiten.

Das Gießen

Das regelmäßige Gießen ist die Lebensgrundlage für Pflanzen. Wie auch wir Menschen brauchen sie Wasser, um zu überleben, ansonsten trocknen sie aus. Das kann man leicht daran erkennen, dass die Pflanzen nicht mehr frisch und grün aussehen, sondern sich verfärben oder dass die Blätter herabhängen und sich aufrollen.

Bis auf wenige Ausnahmen können alle Pflanzen sowohl mit Leitungswasser als auch mit Regenwasser gegossen werden. Regenwasser wird gesammelt, indem man im Garten oder auf dem Balkon Behälter aufstellt, die das Wasser auffangen, wenn es regnet. Pflanzen mögen kein kaltes Wasser, deshalb sollte man Leitungswasser vor dem Gießen etwas abstehen lassen. Beim Gießen wird das Wasser direkt in den Topf oder in die Erde gegossen. Oder man gönnt den Pflanzen eine kleine Dusche, denn das Wasser kann sowohl über die Wurzeln als auch über die Blätter aufgenommen werden.

Jede Pflanze hat einen unterschiedlichen Wasserbedarf, deshalb sollte man sich beim Kauf informieren, wie oft man sie wässern muss. Folgende Regeln sollte man immer beachten: Vor allem im Sommer sollte man Pflanzen nicht zur Mittagszeit gießen, sondern morgens oder abends. Die Wassertropfen wirken auf den Blättern nämlich wie ein Brennglas und die Sonne „verbrennt“ die Pflanzen. Topfpflanzen benötigen mehr Wasser als Pflanzen, die im Garten wachsen.

Die Pflege

Die Pflanzen im Garten oder auf dem Balkon benötigen Aufmerksamkeit und regelmäßige, sorgfältige Pflege, um gut zu gedeihen. Sie müssen nicht nur mit Wasser versorgt werden, sondern auch mit den richtigen Nährstoffen. Deshalb ist auch das regelmäßige Düngen wichtig. Man erkennt den akuten Nährstoffbedarf einer Pflanze daran, dass sie trotz regelmäßigem Gießen schlapp und kraftlos aussieht.

Wer auf einen gepflegten Garten Wert legt, sollte auch das Unkraut beseitigen. Es nimmt den angepflanzten Gewächsen Wasser, Nährstoffe und Licht und verhindert so, dass sich diese gut entwickeln. Die beste Methode, um Unkraut zu entfernen, ist das Herauszupfen per Hand oder mit einem spitzen Gegenstand, wie z. B. ein kleines Messer. Dabei ist es wichtig, die Wurzeln ebenfalls zu entfernen, sonst wächst das Unkraut sofort wieder nach. Kindern macht das Unkrautjäten oft besonders viel Spaß, denn dabei entdecken sie so manchen Regenwurm oder Käfer.

Auf Unkrautvernichter sollte man besser verzichten: Sie sind zwar häufig wirksam, aber ihre chemischen Inhaltsstoffe schädigen auch andere Pflanzen sowie Tiere und Menschen.

Wie Rübezahl zu seinem Namen kam

Im Riesengebirge hauste einst ein Waldgeist, der Fürst der Gnomen. Sein Reich erstreckte sich tief unter der Erde und nur ab und zu begab er sich in die Oberwelt, um zu jagen. Bei einem dieser Streifzüge erblickte er die liebliche Gestalt eines schönen Mädchens, das mit seinen Freundinnen an einem Wasserfall lagerte. Es war die Tochter des Königs, der damals in der Gegend des Riesengebirges herrschte. Rübezahl stand wie gebannt in seinem Versteck. Er blieb dort mehrere Tage und wartete auf die Wiederkehr der lieblichen Prinzessin.

Als sie endlich wieder erschien, hatte Rübezahl die Felsenquelle in ein schönes Becken mit Marmor und Alabaster verwandelt. Die Prinzessin war sehr erstaunt darüber und verspürte große Lust, in dem Marmorbecken zu baden. Kaum aber war sie in das Wasser gestiegen, da wurde sie in die Tiefe gezogen. Sie kam in einen wunderbaren Palast und ein schöner Jüngling stand vor ihr. Es war Rübezahl, der sich ebenfalls verwandelt hatte. Er zeigte ihr die Pracht und die Herrlichkeit des Schlosses. Doch die Prinzessin war traurig, denn sie sehnte sich nach ihrem Zuhause und ihren Freundinnen. Um sie fröhlich zu stimmen, brachte Rübezahl ihr einen Korb voller Rüben und dazu einen Zauberstab. „Wenn du mit dem Stab eine der Rüben berührst, wird aus ihr das, was du dir wünschst“, sprach er. Sie zögerte keinen Augenblick und zauberte ihre Freundinnen herbei. Das war eine Freude, als sie einander wieder begegneten!

Doch am anderen Morgen erschrak sie, denn aus den Jungfrauen waren alte Frauen geworden, die an Krücken daherkamen. Da schalt die Prinzessin den Rübezahl aus, er aber sagte: „Wenn

einmal eine Rübe welk geworden ist, kann ich sie nicht wieder frisch machen. Ich will dir neue Rüben bringen.“ Doch es war Herbst geworden und es gab keine Rüben mehr auf den Feldern.

Da kaufte Rübezahl in der nächsten Stadt Samen und bestellte damit einen ganzen Morgen Landes. Er ließ ein unterirdisches Feuer anschüren, um die Pflanzen mit linder Wärme zu treiben, und schon bald schoss die Saat auf. Die Prinzessin aber sann täglich darauf, wie sie wohl entfliehen könnte, denn sie war schon seit langem mit einem Prinzen verlobt. Schlau bereitete sie alles zur Flucht vor und tat freundlich zu Rübezahl. „Ich will deine Gemahlin werden“, sagte sie, „doch woran soll ich erkennen, dass du mir gewogen bist?“ „Ich will alles tun, was du willst“, antwortete Rübezahl. „So gehe hin und zähle die Rüben“, gebot die Prinzessin. „Denn jede soll an meinem Hochzeitstage eine Brautjungfer werden.“

Das tat nun Rübezahl. Er hüpfte hurtig über das Feld, meinte sich zu verzählen und begann von Neuem. Die Prinzessin aber nahm rasch eine Rübe und verwandelte sie in ein mutiges Ross mit Sattelzeug. Dann schwang sie sich darauf und ritt über das Gebirge davon.

Als Rübezahl mit dem Zählen fertig war, erkannte er den Betrug. Wütend schickte er der Prinzessin einen Blitz hinterher, aber sie war schon aus seinem Reich hinaus. Die Prinzessin kam glücklich zu ihrem Verlobten und hielt mit ihm eine fürstliche Hochzeit. Rübezahl aber erhielt seit jener Zeit den Spottnamen „Rübenzähler“ oder kurz „Rübezahl“.

Aus dem Volksmärchen „Rübezahl“

Die Beete

Da Beete ganz unterschiedlich sein können, gibt es auch keinen festen Plan zum Anlegen, sondern nur ein paar Grundregeln, an die man sich halten sollte.

Das Blumenbeet

Ein Blumenbeet anzulegen, ist ganz einfach. Als Erstes sollte man sich genau überlegen, wo es angelegt werden soll. Entscheidet man sich für eine Fläche, die sich vor einem Zaun oder an einer Wand befindet, dann sind andere Pflanzen geeignet, als für eine Fläche mitten im Garten. Als Nächstes wählt man verschiedene Blumen und Pflanzen aus, die zu unterschiedlichen Jahreszeiten blühen (siehe auch Pflanzenlexikon S. 56). Auf einem Beet vor einer Wand können auch höhere Sträucher wachsen. Diese setzt man am besten ganz hinten ein, damit ein stufenartiger Übergang entsteht, der sehr schön anzusehen ist.

Das Gemüsebeet

Ein Gemüsebeet anzulegen ist etwas komplizierter und manchmal sogar harte Arbeit. Denn der Boden muss dafür mit einem Spaten oder einer Hacke umgegraben und gelockert werden. Außerdem muss man den Boden richtig düngen, damit das Gemüse einen nährstoffreichen Boden hat. Jetzt muss nur noch gesät werden. Die Zeit, die das Gemüse zum Wachsen braucht, nennt man Kulturzeit. Wählt man Gemüsesorten mit unterschiedlicher Kulturzeit, hat man über längere Zeit immer wieder frisches Gemüse zur Verfügung.

Generell sollte man bedenken, dass ein Gemüsebeet mehr Aufmerksamkeit braucht als ein Blumenbeet und nicht so dekorativ ist. Wer also nicht viel Zeit hat und Wert auf einen optisch reizvollen Garten legt, sollte sich besser für ein Blumenbeet entscheiden.

Das Treibhaus

Ein Treibhaus, auch Gewächshaus genannt, dient meist zum Gemüseanbau, aber natürlich kann man auch Blumen darin ziehen. Ein Treibhaus ermöglicht es, den Pflanzen unabhängig vom Wetter die richtigen Bedingungen für ein gutes Wachstum zu geben: ein warmes, feuchtes Klima und genügend Licht. Deshalb muss es aus einem lichtdurchlässigen Material, wie Glas oder Folie, gebaut sein und einen dunklen Untergrund haben, damit die Wärme aufgenommen wird.

Wer keinen großen Garten hat oder nicht so viel Geld oder Arbeit investieren möchte, kann ebenso gut auf ein Mini-Gewächshaus für die Fensterbank oder den Balkon zurückgreifen. Hierin kann man bereits ab Ende Februar Setzlinge vorziehen, die dann später ins Beet gepflanzt werden. Damit die Anzucht gelingt, muss unbedingt darauf geachtet werden, dass das Treibhaus regelmäßig belüftet wird. Da es darin sehr warm wird, benötigen die Pflanzen genügend Wasser. Wenn man keinen sonnigen Platz findet und das Licht nicht ausreicht, kann man eine Pflanzenleuchte installieren. Damit können die Setzlinge bis zu 17 Stunden Licht am Tag bekommen und somit gut gedeihen.

Mini-Treibhäuser gibt es fertig zu kaufen, man kann sie aber auch ganz einfach selbst zusammenbauen. Vor allem Kinder haben viel Spaß dabei, allerdings sollte immer ein Erwachsener dabei sein, der sie anleitet. Entsprechende Bauteile und Anleitungen findet man im Baumarkt oder im Gartenfachgeschäft.

Das Gartenjahr

Im **Januar** hält der Garten seinen Winterschlaf. Diese Zeit sollte man nutzen, um Pläne für das kommende Frühjahr zu schmieden: Welche Blumen will ich aussäen, welche Gemüse anpflanzen? Oder neue Beete anlegen? Außerdem ist jetzt die richtige Zeit, um Gartengeräte zu überprüfen und eventuell zu reparieren.

Der **Februar** kann an milden Tagen bereits dazu einladen, trockene Gehölze zu entfernen und den Garten von Laub zu befreien. In Töpfen oder Mini-Gewächshäusern auf der Fensterbank können schon Frühblüher ausgesät werden.

Endlich ist es soweit: Im **März** erwacht die Natur. Frühlingsblumen wie Krokusse, Narzissen und Primeln erfreuen das Auge. Nun stehen Aufräumarbeiten im Garten an, damit Licht und Luft an den Boden kommen. Auch können vorgezogene Jungpflanzen, falls sie nicht zu frostempfindlich sind, pikiert und bereits auf geschützte Anbauflächen gepflanzt werden.

Der **April** ist ein guter Monat, um einen Rasen neu anzulegen oder nachzubessern. Auch sonst gibt es viel zu tun: Hecken und Bäume schneiden, Balkonpflanzen umtopfen, Beete umgraben und Frühgemüse, wie z. B. Salat, Lauch oder Mangold, aussäen.

Im Wonnemonat **Mai** macht die Arbeit draußen besonders viel Spaß: Sommerblumen wie Nelken, Glockenblumen oder Portulak werden gesät oder gepflanzt; Gemüsepflanzen wie Paprika, Auberginen und Tomaten dürfen jetzt ins Freie und werden an Stöcken festgebunden; Erbsen, Radieschen, Salat und Kräuter können bereits geerntet werden; Unkraut wird gejätet.

Die Sommermonate **Juni** und **Juli** verlangen vor allem nach Pflege- und Erhaltungsarbeiten. Der Rasen muss häufiger gemäht werden und je nach Niederschlag ist regelmäßiges Gießen unabdingbar. Hier muss beachtet werden, dass an heißen Tagen nur morgens oder abends gegossen wird. Jetzt ist auch die Zeit der reichen Ernte: Neben Beeren gibt es eine Fülle von Salat- und Gemüsesorten, die den Speiseplan bereichern.

Auch im **August** stehen Wässern, Rasenmähen und Ernten an erster Stelle. Daneben sollte man regelmäßig verwelkte Blüten abschneiden. Späte Gemüsesorten wie Fenchel oder Feldsalat können nun gesät werden.

Im **September** bereitet sich der Garten schon allmählich auf seine Ruhephase vor. Nun werden verblühte Rosen abgeschnitten, Blumenzwiebeln gesetzt, Rasen vertikutiert und Krankheiten bekämpft. Auch die Ernte, vor allem von Obst, spielt noch eine große Rolle.

Der **Oktober** zeigt sich im bunten Blätterkleid und erfordert ähnliche Aktivitäten wie schon der September. Besonders bei Kindern beliebt: Frisch geerntete Kartoffeln im offenen Feuer garen oder Kürbisse für Halloween schnitzen.

Im **November** wird es ruhiger, wenn man vom Zusammenrechen der restlichen Blätter einmal absieht. Jetzt können auch noch letzte Blumenzwiebeln fürs Frühjahr gesetzt werden. Vor dem ersten Frost müssen empfindliche Pflanzen, wie Palmen oder Pampasgras, geschützt werden und Balkon- und Terrassenpflanzen kommen ins Winterquartier.

Der **Dezember** läutet den Winterschlaf ein. Neben letzten Aufräumarbeiten können Meisenknödel oder Ähnliches für die Winterfütterung der Vögel aufgehängt werden. Bei starken Schneefällen sollte man eventuell schwache Äste von Obstbäumen abstützen.

Im Märzen der Bauer

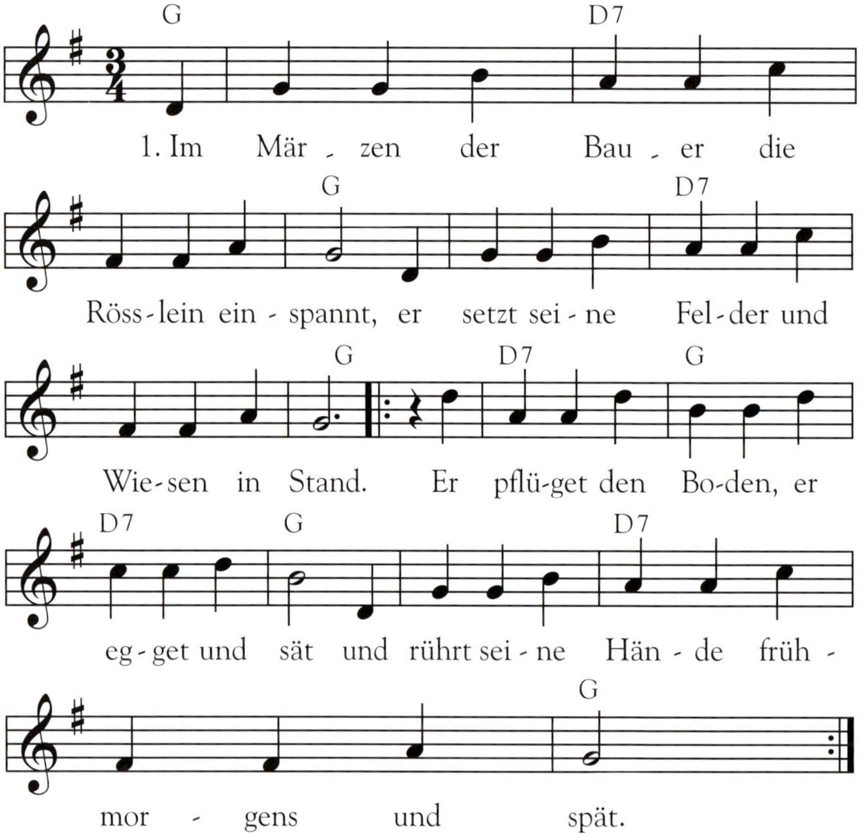

2. Die Bäurin, die Mägde, sie dürfen nicht ruhn,
sie haben im Haus und im Garten zu tun;
sie graben und rechen und singen ein Lied
und freun sich, wenn alles schön grünet und blüht;
sie graben und rechen und singen ein Lied
und freun sich, wenn alles schön grünet und blüht.

3. So geht unter Arbeit das Frühjahr vorbei,
da erntet der Bauer das duftende Heu.
Er mäht das Getreide, dann drischt er es aus.
Im Winter, da gibt es manch fröhlichen Schmaus.
Er mäht das Getreide, dann drischt er es aus.
Im Winter, da gibt es manch fröhlichen Schmaus.

Kleine Kräuterkunde

Dill
Dill ist eine vielseitig verwendbare Gewürzpflanze, z. B. für Salate, Soßen oder Fischgerichte. Er ist eine beliebte Zutat in Kräuterbutter, welche sich als Brotaufstrich eignet.

Oregano
Die Triebspitzen des Oregano werden vor der Blüte geerntet. Oregano schmeckt gut auf Pizza und in Nudelgerichten.

Petersilie
Sie wird im März ausgesät und im Juni und Juli geerntet. Der frisch-würzige, leicht bittere Geschmack ist köstlich in Salaten und Suppen.

Rosmarin
In den Nadeln des immergrünen Halbstrauches stecken die aromatischen ätherischen Öle. Rosmarin rundet Eintopf-, Kartoffel- oder Fleischgerichte ab.

Schnittlauch
Er wird im Frühjahr ausgesät und muss vor der Blüte geerntet werden. Sein zwiebelartiger Geschmack passt zu Quark, Salaten und Soßen.

Thymian
Die Blätter werden von Mai bis September geerntet. Der kräftige Geschmack passt zu Fleisch, Nudelgerichten, Pizza und Gemüseeintöpfen.

Kräuteranbau

Wer einen Kräutergarten anlegen möchte, muss sich entscheiden, ob er Samen kauft und selbst aussät oder bereits vorgezogene Pflänzchen einsetzt. Beide Methoden haben Vor- und Nachteile:

- Bei der Aussaat von Samen kann man genau verfolgen, wie ein Samen keimt und wächst. Das ist vor allem für Kinder sehr spannend und lehrreich, aber nicht immer so einfach, wie es scheint. Es gibt nämlich verschiedene Arten von Samen, die unterschiedliche Keimbedingungen benötigen. In der Regel findet man die entsprechende Anleitung auf der Rückseite der Samentütchen.

- Vorgezogene Pflänzchen haben den Vorteil, dass man sie nur noch in einen passenden Topf pflanzen muss. Es ist wichtig, kräftige Pflanzen zu kaufen, damit sie widerstandsfähig sind und lange halten. Gesunde Pflanzen erkennt man an den saftig grünen Blättern und daran, dass sie viele Jungtriebe haben.

Ob selbst ausgesät oder gekauft, ein Kräutergarten muss regelmäßig gepflegt werden: Regelmäßiges Gießen, das Entfernen brauner und welker Blätter sowie ausreichende Lichtzufuhr sind die Voraussetzungen für eine reiche Ernte aromatischer Kräuter!

Kräuter weiterverarbeiten

Frische Kräuter aus dem eigenen Garten oder Balkonkasten sind wunderbar aromatisch und eine tolle Ergänzung verschiedenster Gerichte: Man kann sie kleingehackt in den Salat geben, aufs Brot streuen oder zum Würzen von Suppen und Aufläufen verwenden. Petersilie, Schnittlauch und Dill eignen sich auch gut für Kräuterquark (alles klein schneiden und mit Quark verrühren) oder Kräuterbutter (Butter weich werden lassen, mit den gehackten Kräutern mischen und wieder in den Kühlschrank stellen). Beides schmeckt toll zu Kartoffeln, Fleisch oder auf Brot. Diese Gerichte können auch Kinder zubereiten, allerdings sollte beim Kräuterhacken ein Erwachsener dabeisein!

Da man aber nicht das ganze Jahr frische Kräuter ernten kann, sollte man sie haltbar machen. Manche Kräuter lassen sich ganz einfach trocknen, indem man sie zu kleinen Sträußchen zusammenbindet und an einem dunklen, trockenen Ort kopfüber aufhängt. Sie sind „fertig“ getrocknet, wenn sich die Blätter leicht zwischen den Fingern zerbröseln lassen und die Stiele brechen. Zum Trocknen eignen sich Kräuter wie Rosmarin, Thymian oder Estragon.

Eine weitere Möglichkeit der Haltbarmachung ist das Einfrieren: einfach die gewaschenen Kräuter klein hacken und in einem Eiswürfelbehälter einfrieren. Dann kann man jeweils kleine Portionen entnehmen.

Um Kräuteröle herzustellen, benötigt man neben den Kräutern Olivenöl und helle Flaschen. Für Rosmarinöl gibt man 5 kleine Zweige Rosmarin zusammen mit 2 TL Pimentkörnern in eine Flasche und füllt sie mit Olivenöl auf. Man kann stattdessen auch Estragon mit 2 TL Senfkörnern nehmen. Oder man gibt gehackte Petersilie, Schnittlauch und Estragon zusammen mit

ein bisschen klein geschnittener roter oder gelber Paprika und ein paar Pfefferkörnern in das Öl. In jedem Fall muss die Mischung vor der Verwendung 3 Wochen ruhen. Kräuteröl ist auch ein tolles Geschenk, vor allem wenn die Flasche dann noch mit einem selbst gemalten Etikett beklebt wird.

Pesto selber machen

Zutaten für 4 Personen:
50 g Pinienkerne
1 Bund Basilikum
2 Knoblauchzehen
80 g Parmesan
ca. 100 ml Olivenöl
Pfeffer, Salz

Zubereitung:

1. Die Pinienkerne in einer Pfanne ohne Öl kurz anrösten.

2. Das Basilikum waschen und trocken schütteln, die Blätter von den Stielen zupfen. Die Knoblauchzehen abziehen und halbieren. Den Parmesan reiben.

3. Alle Zutaten in der Küchenmaschine oder im Mörser zerkleinern. Dabei nach und nach soviel Olivenöl dazugeben, bis eine sämige Masse entsteht.

4. Mit Salz und Pfeffer würzen und zu frisch gekochen Nudeln servieren.

Tipp

Sehr lecker und würzig schmeckt das Pesto, wenn das Basilikum durch Bärlauch ersetzt wird. Da Bärlauch ein leichtes Knoblaucharoma hat, kann dann der Knoblauch reduziert oder weggelassen werden. Aber Vorsicht! Wer Bärlauch selbst sammelt, muss genauestens aufpassen, um die Blätter nicht mit den ähnlich aussehenden Maiglöckchenblättern zu verwechseln!

Schädlinge

Es gibt unzählige Schädlinge, die den Pflanzen zusetzen können. Im Allgemeinen sind es Kleinlebewesen wie Blattläuse, Wanzen, Milben. Sie schädigen ihre Wirtspflanzen, um selbst zu überleben oder sich schneller vermehren zu können.

Zum Beispiel Blattläuse: Sie saugen Pflanzensaft aus den Pflanzen, deswegen werden die Blätter runzlig und verfärben sich, außerdem werden sie ganz klebrig. Dies ist besonders gefährlich, weil dann auch schädliche Pilze die Pflanzen befallen können. Milben haben eine ähnliche Wirkung auf die Blätter. Man erkennt den Milbenbefall an den kleinen Punkten auf oder unter den Blättern und am Stiel. Bei näherem Hinschauen sieht man dann, dass es sich um ganz kleine Insekten handelt.

Im Garten lauern aber noch weitere „Gefahren“, wie Schnecken und Wühlmäuse. Schnecken fressen Löcher in die gesunden Blätter und zerstören somit die Pflanze. Wühlmäuse knabbern die Wurzeln an und sorgen so dafür, dass die Pflanze eingeht. Maulwurfshügel sind zwar bei vielen Gartenbesitzern unbeliebt, die Tiere sind allerdings eher nützlich: Sie lockern den Boden und fressen Käfer.

Mit welchen Mitteln man die verschiedenen Schädlinge bekämpfen kann, erfährt man im Fachgeschäft oder in der Gärtnerei: Dort gibt es Tipps, wie man die Störenfriede von den Pflanzen abhält.

Der Elefant und der Maulwurf

Eines Tages spielte der Elefant mit einem Maulwurf. Sie wollten ein Wettrennen machen. Natürlich gewann der Elefant, weil ein Elefant große Schritte macht. Sie liefen genau siebenmal und immer gewann der Elefant. Der Maulwurf jammerte: „Ich verliere immer, das ist nicht lustig.“ Dann hatte er eine Idee. „Machen wir einen Wettkampf!“ Der Elefant fragte: „Welchen denn?“ Der Maulwurf antwortete: „Wer schneller unter der Erde ist.“ Natürlich gewann dabei der Maulwurf, der ist doch beim Buddeln ein Weltmeister. Der Elefant schaffte nicht mal einen Schritt in das Loch hinein, denn er war zu groß und auch zu dick dafür.

Also wollte der Elefant nicht mehr weiter machen. „Das ist unfair!“, sagte er zum Maulwurf. „Du bist viel kleiner als ich.“ Darauf antwortete der Maulwurf: „Du gewinnst doch immer beim Laufen.“ „Na und!“, antwortete der Elefant. „Ich kann mich jetzt vor meinen Eltern blamieren.“ Also begannen die beiden sich zu bekämpfen und sie kamen danach beide weinend nach Hause. „Das ist doch unfair“, sagte der Maulwurf zu seiner Mutter. „Er kann einfach nicht verlieren und jetzt weint er wegen mir.“ Die Mutter sagte, dass der Streit auch wieder zu Ende geht.

Am nächsten Morgen trafen sich die beiden beim Brunnen und entschuldigten sich beieinander. Also wurden sie wieder Freunde. Und dann sagte der Elefant: „Wir sind alle gleich gut.“ „Wieso?“, fragte der Maulwurf. Da antwortete der Elefant: „Weil du beim Buddeln gewonnen hast und ich beim Laufen.“ Also lebten sie glücklich, bis sie starben – und wenn sie nicht gestorben sind, dann leben sie noch heute.

Gebrüder Grimm

Die Bienen

Jedes Kind kennt die Biene Maja – und weiß auch, dass die Bienen den guten Honig produzieren. Die Biene ist eines der wichtigsten Nutztiere und das liegt nicht nur am Honig: Indem sie Blütenpflanzen bestäubt, sichert die Biene den Ertrag von Äpfeln, Kirschen und anderem Obst. Bei der Bestäubung werden Pollen von einer Blüte zur anderen übertragen und ohne diesen Vorgang kann sich keine Frucht entwickeln.

Leider sind diese Nützlinge seit einigen Jahren in Gefahr: Das Bienensterben führt dazu, dass der Bestand an Bienen immer mehr zurückgeht. Hierfür gibt es verschiedene Ursachen, wie z. B. der übermäßige Pestizideinsatz auf den Feldern und in Gärten sowie die Einschleppung von Milben, die die Bienen mit tödlichen Krankheiten infizieren.

Jeder kann in seinem Garten dazu beitragen, ein Aussterben dieser fleißigen Tierchen zu verhindern. Zum Beispiel gibt es heimische Blumen, wie Glockenblumen, Margariten oder Lavendel, die mit ihrem Nektar die Bienen anlocken. Diese sollten also bevorzugt angepflanzt werden. Man kann auch eigens eine Wildblumenwiese anlegen, die nur zweimal im Jahr gemäht wird.

Im Fachhandel gibt es entsprechende Samenmischungen. Eine gute Sache ist es, für die Ansiedlung von Wildbienen eine Nisthilfe zu bauen (siehe die Bauanleitung für ein Bienenhotel auf Seite 28/29).

Summ, summ, summ

2. Such in Blumen, such in Blümchen
   dir ein Tröpfchen, dir ein Krümchen!

3. Kehre heim mit reicher Habe,
   bau uns manche volle Wabe!

4. Bei den Heilig-Christ-Geschenken
   wollen wir auch dein gedenken!

5. Wenn wir mit dem Wachsstock suchen
   Pfeffernüss' und Honigkuchen!

Wir bauen ein Bienenhotel

Wer in seinem Garten Wildbienen ansiedeln möchte, muss vor dem Bau einer Nisthilfe drei Dinge beachten:

- Die Tiere brauchen Löcher mit geeignetem Durchmesser,
- einen Regenschutz und
- einen sonnigen Standort mit gut erreichbaren Futterpflanzen.

Prinzipiell ist der Zeit- und Materialaufwand sehr gering. Zum Bohren von Löchern eignet sich am besten trockenes, unbehandeltes Holz. Wenn man Harthölzer wie Buche, Eiche oder Esche wählt, bleibt das Bienenhotel besonders lange funktionsfähig; Nadelholz ist weniger geeignet. Die Löcher sollten mit verschiedenen Durchmessern (2–10 mm) gebohrt werden und ca. 5–10 cm tief sein. Ein regelrechtes Luxushotel entsteht, wenn man in einen alten Baumstamm viele Löcher hineinbohrt.

Es gibt auch die Möglichkeit, bereits vorhandene Löcher zu nutzen: Wildbienen fühlen sich in hohlen Pflanzenstängeln wohl, weshalb man auch gut Bambus oder Schilf benutzen kann. Die Stängel sollten auf ca. 10 cm Länge gekürzt und auf einer Seite verschlossen werden (z. B. mit Watte oder Papiertaschentüchern). Um die Stängel vor Regen zu schützen, kann man sie in eine Dose, einen Hohlblockstein oder ein leeres Vogelhäuschen stecken und an einem möglichst sonnigen Platz aufhängen.

Auch in Steilwänden nisten sich Bienen gerne ein. Ein Steilwandhotel entsteht, indem man eine Holzkiste mit feuchter Erde füllt und diese trocknen lässt. Dann bohrt man mit einer Stricknadel Löcher hinein und stellt die Kiste aufrecht an einen geschützten Ort. Wer viel Platz hat, kann all diese Möglichkeiten in einem großen Regal kombinieren.

Ein Bienenhotel in Verbindung mit einer Wildkräuterwiese ist eine sehr gute Grundlage für die Ansiedlung von Wildbienen. Man braucht auch keine Angst vor Stichen zu haben, denn Wildbienen stechen eigentlich nicht, außer sie befinden sich in großer Bedrängnis.

Bienengedicht

Ein Blumenglöcklein vom
Boden hervor
war fröhlich gesprossen im
lieblichen Flor.
Da kam ein Bienlein und
naschte fein –
o, die müssen wohl beide
füreinander sein.

Johann Wolfgang von Goethe
(1749–1832)

Der selbstsüchtige Riese

Wenn die Kinder aus der Schule kamen, gingen sie in den Garten des Riesen, um dort zu spielen. Es war ein großer, wunderschöner Garten mit weichem Gras. Hier und da standen prächtige Blumen sternengleich auf der Wiese, außerdem zwölf Pfirsichbäume, die im Frühjahr zarte Blüten in Rosa und Perlweiß hervorbrachten und im Herbst reiche Frucht trugen. Die Vögel saßen in den Bäumen und sangen so lieblich, dass die Kinder im Spiel innehielten, um ihnen zuzuhören. „Wie glücklich sind wir doch hier!", riefen sie.

Eines Tages kam der Riese von einer langen Reise zurück. Als er zu Hause ankam, sah er die Kinder in seinem Garten spielen. „Was macht ihr hier?", schrie er und die Kinder liefen verängstigt davon. „Mein eigener Garten ist immer noch mein eigener Garten", sagte der Riese, „und ich werde niemals jemandem erlauben, darin zu spielen." Und so errichtete er eine hohe Mauer rings um den Garten und stellte ein Warnschild mit den folgenden Worten auf: Unbefugten ist der Zutritt bei Strafe verboten! Er war wirklich ein sehr selbstsüchtiger Riese.

Die armen Kinder hatten von nun an keinen Ort mehr, wo sie spielen konnten. Immer wieder schlenderten sie nach dem Unterricht um die hohe Mauer herum und sprachen von dem herrlichen Garten, der dahinter verborgen lag. „Wie glücklich waren wir doch dort", sagten sie zueinander. Dann kam der Frühling und überall – landauf, landab – waren kleine Blüten zu sehen und junge Vögel zwitscherten vergnügt. Nur im Garten des selbstsüchtigen Riesen war immer noch Winter. Die Vögel wollten dort nicht singen und die Bäume vergaßen zu blühen, weil keine Kinder mehr da waren. Einmal streckte eine wunderschöne Blume ihren Kopf aus dem Gras heraus, aber als sie das Hinweisschild sah, hatte sie so großes Mitleid mit den Kindern, dass sie sich sofort wieder in den Boden zurückzog. Die einzigen, denen der Garten noch gefiel, waren der Schnee und der Frost.

„Der Frühling hat diesen Garten vergessen", riefen sie erfreut, „wir werden das ganze Jahr über hier bleiben." Der Schnee bedeckte das Gras mit seinem weißen Mantel und der Frost ließ alle Bäume silbern erscheinen. Dann luden sie den Nordwind ein, ihnen Gesellschaft zu leisten. Er war in warme Felle gehüllt und brüllte unaufhörlich durch den Garten. „Welch ein herrlicher Platz", schwärmte er, „wir sollten den Hagel bitten, uns zu besuchen." Und der Hagel kam. Jeden Tag prasselte er auf das Dach des Schlosses. Er war ganz in Grau gekleidet und sein Atem war kalt wie Eis. „Ich kann nicht verstehen, warum der Frühling in diesem Jahr so spät kommt", sagte der selbstsüchtige Riese, als er an dem Fenster saß und in seinen kalten, weißen Garten blickte. Aber es kamen weder Frühling noch Sommer. Der Herbst beschenkte jeden Garten mit goldenen Früchten, nur den Garten des Riesen sparte er aus. „Er ist zu selbstsüchtig", sagte der Herbst.

Eines Morgens lag der Riese wach in seinem Bett, als er eine wunderschöne Musik hörte. Sie klang so lieblich in seinen Ohren, dass er dachte, es könnten nur die Musiker des Königs sein. Es war aber nur ein kleiner Hänfling, der draußen vor seinem Fenster sang. In diesem Moment hörte der Hagel auf, über seinem Kopf herumzutanzen, der Nordwind stellte sein Gebrüll ein und ein köstlicher Duft strömte ihm durch das geöffnete Fenster entgegen. „Ich glaube, nun kommt der Frühling wohl doch noch", sagte der Riese, sprang aus dem Bett und guckte nach draußen.

Und was sah er da? Es war der wundervollste Anblick, den man sich denken konnte. Die Kinder waren durch ein kleines Loch in der Mauer in den Garten gekrochen und saßen nun auf den Zweigen der Bäume – in jedem Baum, den er sehen konnte, ein kleines Kind. Und die Bäume waren so froh, die Kinder endlich wieder bei sich zu haben, dass sie sich mit Blüten schmückten und ihre Zweige gleich schützenden Händen über den Köpfen der Kinder auf und ab bewegten. Die Vögel flogen umher und zwitscherten und die

Blumen schauten lachend aus dem frischen grünen Gras heraus. Es war ein anmutiges Bild, nur in einer Ecke des Gartens war noch immer Winter. Dort, in dem entferntesten Winkel, stand ein kleiner Junge. Er war so klein, dass er nicht an die Zweige des Baumes heranreichen konnte; immer wieder ging er um ihn herum und weinte bitterlich. Der arme Baum war immer noch über und über mit Eis und Schnee bedeckt. „Klettere nur hinauf, kleiner Junge!“, sagte der Baum freundlich und beugte seine Zweige so tief herunter, wie er konnte, aber der Junge war einfach zu klein.

Als der Riese das sah, wurde es ihm ganz warm um das Herz. „Wie selbstsüchtig bin ich gewesen!“, sprach er reumütig zu sich selbst. „Jetzt verstehe ich, warum der Frühling nicht in meinen Garten kommen wollte. Ich werde den kleinen Jungen auf die Spitze des Baumes setzen und danach die Mauer niederreißen. Von nun an soll der Garten auf ewig der Spielplatz der Kinder sein.“

Der Riese schlich nach unten, öffnete ganz leise die Haustür und trat in den Garten. Aber als die Kinder ihn sahen, hatten sie solche Angst, dass sie alle davonrannten – und augenblicklich wurde es wieder Winter im Garten. Nur der kleine Junge lief nicht fort; denn er hatte, da seine Augen ganz mit Tränen gefüllt waren, den Riesen nicht kommen sehen. Dieser näherte sich dem Jungen ganz vorsichtig, nahm ihn sanft in seine Hand und setzte ihn in den Baum. Unverzüglich erstrahlte der Baum in üppiger Blütenpracht und die Vögel kamen, setzten sich hinein und sangen; und der kleine Junge streckte seine Arme aus, schlang sie dem Riesen um den Hals und küsste ihn. Und als all die anderen Kinder sahen, dass der Riese nicht länger böse war, kamen sie eilig zurück – und mit ihnen kam der Frühling.

„Von nun an, Kinder, ist dies euer Garten“, sagte der Riese, nahm eine große Axt und riss die Mauer nieder. Und als die Menschen um die Mittagszeit zum Markt gingen, sahen sie den Riesen mit den Kindern im Garten spielen. Sie spielten den ganzen Tag lang und am Abend gingen sie auf den Riesen zu, um sich von ihm zu verabschieden. „Aber wo ist denn euer kleiner Spielgefährte, der Junge, den ich auf den Baum gesetzt habe?“, fragte der Riese. Den kleinen Jungen liebte er nämlich am meisten, weil dieser ihn geküsst hatte.

„Das wissen wir nicht“, antworteten die Kinder, „er ist fortgegangen.“ „Ihr müsst ihm sagen, dass er morgen unbedingt wiederkommen soll“, sagte der Riese. Aber die Kinder entgegneten, dass sie nicht wüssten, wo er wohne, und dass sie ihn auch niemals zuvor gesehen hätten. Da wurde der Riese traurig.

Jeden Nachmittag kamen die Kinder und spielten mit dem Riesen. Aber den kleinen Jungen sah man nie mehr. Der Riese war sehr freundlich zu all den Kindern und dennoch blieb in ihm die Sehnsucht nach seinem ersten kleinen Freund; immer wieder sprach er von dem Jungen. Jahre vergingen und der Riese wurde alt und schwach. Er konnte nicht mehr im Garten spielen und so saß er in einem riesigen Lehnstuhl, sah den Kindern beim Spielen zu und erfreute sich an seinem Garten.

An einem Wintermorgen schaute er aus dem Fenster. Jetzt hasste er den Winter nicht mehr, denn er wusste, dass dies nur die Zeit des schlafenden Frühlings und der sich ausruhenden Blumen war. Plötzlich rieb er sich verwundert die Augen – und schaute und schaute. In der entlegensten Ecke des Gartens war ein Baum über und über mit herrlichen weißen Blüten bedeckt. Seine Zweige waren vergoldet und silberne Früchte hingen von ihnen herab. Und unter dem Baum stand der kleine Junge, den der Riese so sehr in sein Herz geschlossen hatte.

Hocherfreut rannte der Riese nach unten und hinaus in den Garten. Er hastete über die Wiese und näherte sich dem Kind. Und als er ganz nah herangekommen war, wurde er zornig und fragte: „Wer hat es gewagt, dich zu verletzen?“ Auf den Handflächen und an den kleinen Füßen des Kindes waren nämlich die Male von Nägeln zu erkennen. „Wer hat es gewagt, dich zu verletzen?“, schrie der Riese noch einmal. „Sag es mir, damit ich mein mächtiges Schwert ziehen und ihn erschlagen kann.“ „Nein!“, antwortete das Kind. „Denn dies sind die Wunden der Liebe.“ „Wer bist du?“, fragte der Riese; eine seltsame Ehrfurcht überkam ihn und er kniete vor dem kleinen Jungen nieder. Daraufhin lächelte das Kind und sagte zu ihm: „Du hast mich einst in deinem Garten spielen lassen, heute sollst du mit mir in meinen Garten kommen – in das Paradies eingehen.“

Als die Kinder an diesem Nachmittag in den Garten kamen, fanden sie den Riesen tot auf – er lag unter dem Baum und war über und über mit weißen Blüten bedeckt.

Oscar Wilde (1854–1900)

Essbare Blüten

Wenn es im Garten sprießt und blüht, erfreuen sich Auge und Seele daran. Warum also nicht einmal die Blütenpracht in die häusliche Küche importieren – zumal das Auge ja bekanntlich auch mitisst? In der Gourmet-Küche werden essbare Blüten verwendet, um den Gerichten den letzten Schliff zu verleihen. Schließlich sehen sie nicht nur besonders schön aus, sie verfeinern auch den Geschmack durch ihr besonderes Aroma.

Natürlich dürfen nur solche Blüten gegessen werden, von denen man ganz sicher weiß, dass sie essbar sind und auch nicht mit chemischen Mitteln behandelt wurden. Manche Menschen sind auch gegen Pollen allergisch und sollten deshalb besser keine Blüten essen.

Essbare Blüten sind zum Beispiel folgende:

- Veilchen
- Flieder
- Gänseblümchen
- Holunder
- Kamille
- Kapuzinerkresse
- Klee
- Kornblume
- Löwenzahn
- Ringelblume
- Rose
- Stiefmütterchen

Es gibt auch viele Blüten von Kräutern, die in der Küche verwendet werden können, wie zum Beispiel:

- Basilikum
- Borretsch
- Dill
- Rosmarin
- Schnittlauch
- Thymian
- Zitronenmelisse

Kandierte Veilchen

Zutaten:
einige Veilchenblüten
70 ml Wasser
100 g Zucker

Zubereitung:

1. Die Veilchenblüten unter kaltem Wasser vorsichtig abbrausen und auf einem Tuch trocknen.
2. Das Wasser zum Kochen bringen und den Zucker darin auflösen, sodass ein Sirup entsteht.
3. Die Blüten in den Sirup tauchen, abtropfen lassen und trocknen lassen.
4. Solange sich die Blüten noch klebrig anfühlen, von allen Seiten mit Zucker bestreuen.
5. Wenn die Veilchenblüten endgültig getrocknet sind, in einem luftdichten Gefäß aufbewahren.

Tipp

Kandierte Veilchenblüten sind eine wunderschöne Verzierung für eine weiße Torte oder ein essbares Deko-Element auf einem Kuchenteller.

Tiere im Garten

In einem Garten leben viele Tiere. Neben den unerwünschten Schädlingen gibt es auch sehr erfreuliche Gäste:

Wenn es angenehm warm wird, tauchen viele verschiedene **Schmetterlinge** auf und setzen sich auf Blumen und Sträucher.

Falls man einen Teich hat, kann es sein, dass ein paar **Frösche** vorbeikommen. Aufgrund ihrer grünen Farbe erkennt man sie oft nicht sofort, aber spätestens wenn zur Fortpflanzungszeit das nächtliche Quak-Konzert angestimmt wird, weiß man: Hier sind Frösche im Teich!

Besonders eifrige Gäste sind die **Singvögel**. Amseln zwitschern im Gebüsch und kleine Meisen turnen von Ast zu Ast – im Winter sind sie dankbar um Futterknödel, die an die Äste gehängt werden.

Wieselflink bewegen sich die **Eichhörnchen** bei ihrer Futtersuche. Die kleinen Nager horten fleißig Nüsse, Bucheckern und Kastanien, um über den Winter zu kommen.

Lästig können **Maulwürfe** werden, da ihre kleinen Hügel den Rasen zerstören – so süß sie auch aussehen, wenn man zufällig einem begegnet.

Wenn es nachts unter Holzstapeln scharrt und grunzt, könnte es eine **Igelfamilie** sein. Diese Holzstapel sollte man von Herbst bis Frühjahr dann nicht bewegen, denn sie könnten das Winterquartier für den Igel sein.

Bienen sollten eigentlich bei allen willkommene Gäste sein. Sie sind äußerst wichtig für den Garten, denn sie sorgen dafür, dass die Obstbäume Früchte tragen.

Mein Garten

Mein Garten ist ein Liederbuch,
die Rosen und Reseden
verstreuen weichen Wohlgeruch,
im Wind die Bäume reden;
sie flüstern Märchen mancherlei
aus meines Lebens Gängen,
wie oft ich Tor gewesen sei
im Säumen und im Drängen.
Doch ob ich oft das Glück verschlief
in Lenz- und Sommerwinden,
umsonst die Füße blutig lief,
mich an ein Ziel zu finden –
ich traure nicht. Was kam und schied,
Verzichten und Erwarten,
geht wie ein fernes, altes Lied
traumhaft durch meinen Garten.

Jakob Christoph Heer
(1859–1925)

Heimische Vögel

In unseren Gefilden gibt es mehr als 200 heimische Vogelarten. Einige der bekanntesten Vögel, die sich in den Gärten tummeln, sind:

Amsel Bei dieser weitverbreiteten Vogelart unterscheiden sich Männchen und Weibchen durch ihr Gefieder: Die Männchen sind schwarz und haben einen gelben Schnabel, die Weibchen sind komplett braun. Der Gesang der Amsel ist sehr melodisch.

Buntspecht Wenn man den Specht nicht sieht, dann hört man ihn: Schon von weitem ist er an dem typischen Trommeln erkennbar. Hierbei trommelt er mit seinem Schnabel zwei Sekunden lang auf den Baumstamm.

Alle Vögel sind schon da

2. Wie sie alle lustig sind,
flink und froh sich regen!
Amsel, Drossel, Fink und Star
und die ganze Vogelschar
wünschen dir ein frohes Jahr,
lauter Heil und Segen.

3. Was sie uns verkünden nun,
nehmen wir zu Herzen:
Wir auch wollen lustig sein,
lustig wie die Vögelein,
hier und dort, feldaus, feldein,
singen, springen, scherzen.

Eichelhäher Seine schönen blau gemusterten Federn sind vor allem bei Kindern beliebte Fundstücke, die wie Schätze gehütet werden. Der Eichelhäher ist nach seiner Leibspeise benannt: die Eichel.

Haussperling Unter dem Namen „Spatz" kennt ihn fast jeder, da er früher der am häufigsten anzutreffende Vogel war. In den letzten Jahren ist sein Bestand stark zurückgegangen.

Kohlmeise Dieser beliebte Vogel nistet sehr gerne in unmittelbarer Nachbarschaft des Menschen. Die gelbe Bauchseite mit dem schwarzen Streifen macht ihn leicht erkennbar.

Rotkehlchen Schon in der Dämmerung weckt es uns mit seinem Gesang – falls der Garten über dichten Bewuchs verfügt, denn hier fühlt sich das Rotkehlchen am wohlsten. Wie der Name schon sagt, hat es eine orange-rote Kehle.

Gartenlust

Ob Zier- oder Nutzgarten oder beides zusammen – die Arbeit im Garten wirkt sich positiv auf Körper und Seele aus: Studien haben gezeigt, dass sie den Aufbau der Muskulatur fördert, das Immunsystem stärkt und den Stoffwechsel ankurbelt. Außerdem wirkt sie stimmungsaufhellend und baut psychische Spannungen ab.

Schon in früheren Zeiten haben Menschen in Gärten Glück und Entspannung gesucht, wovon noch heute die zahlreichen historischen und nicht nur für Hobbygärtner sehenswerten Gartenanlagen zeugen. Sie reichen von Schlossgärten über botanische Gärten bis hin zu Freizeitanlagen. Hier eine kleine Auswahl an Gärten, die auf jeden Fall einen Besuch wert sind:

Englischer Garten, München:
Eine der größten Parkanlagen der Welt – zum Spazierengehen, Bootfahren oder Picknicken. Sein Name beruht auf der Anlage nach dem Vorbild englischer Parks.

Planten und Blomen, Hamburg:
Der Hamburger Stadtpark war früher ein Zoo, heute ist er ein großer Volkspark mit japanischem Garten und einem Apothekergarten.

Schlosspark Sanssouci, Potsdam:
Der unter Friedrich dem Großen angelegte Park mit seinen Weinbergterrassen wurde zum Weltkulturerbe ernannt.

Schlosspark, Schwetzingen: Die pfälzischen Kurfürsten nutzten den Park einst als Sommerresidenz. Hier flanierten bereits Friedrich Schiller und Voltaire.

Palmengarten, Frankfurt: Das Pflanzenparadies liegt zentrumsnah und bietet viel Abwechslung, z. B. mit subtropischem Pflanzenhaus, Rhododendron- und Kakteengarten, See und kleiner Eisenbahn.

Ein Garten tut gut …

«Auch ich war immer daheim, grub, krautete,
stocherte, handhabte die Gießkanne,
besah alles, was wuchs, tagtäglich genau
und bin daher mit jeder Rose,
mit jedem Kohlkopf,
mit jeder Gurke intim bekannt.
Eine etwas beschränkte Welt, so scheint's.
Und doch, wenn man's recht erwägt,
ist all das Zeugs, von dem
jedes unendlich und unergründlich ist,
nicht weniger bemerkenswert
als Alpen und Meer, als Japan und China.»

Wilhelm Busch
(1832–1908)

«Willst du für eine Stunde glücklich sein,
so betrinke dich.
Willst du für drei Tage glücklich sein,
so heirate.
Willst du für acht Tage glücklich sein,
so schlachte ein Schwein
und gib ein Festessen.
Willst du aber ein Leben lang glücklich sein,
so schaffe dir einen Garten.»

Sprichwort aus China

«Wenn du einen Garten und dazu
noch eine Bibliothek hast,
wird es dir an nichts fehlen.»

Marcus Tullius Cicero
(106 v. Chr.–43 v. Chr.)

«Dumme rennen, Kluge warten,
Weise gehen in den Garten.»

Rabindranath Tagore (1861–1941)

Die Ernte

Im Juni werden die ersten Beeren reif und im August und September folgt dann das Baumobst. Beeren sollte man rasch ernten, da sie sonst von Vögeln weggepickt werden. Auch die Ernte von Baumobst darf nicht zu spät erfolgen: Wenn die Früchte überreif sind, fallen sie vom Baum und schmecken nicht mehr.

Hier ein paar Tipps:

- Ob Früchte reif sind, erkennt man daran, dass sie sich leicht vom Stiel oder Ast lösen lassen. Ein Reifezeichen von Beeren ist auch deren leuchtende Farbe.

- Für die Ernte von Beerenobst verwendet man am besten einen flachen Korb oder eine Schale. Die empfindlichen Beeren dürfen nicht aufeinanderliegen, damit sie nicht zerdrückt werden. Sie sollten auch möglichst bald nach dem Ernten verzehrt, eingefroren oder zu Marmelade bzw. Gelee weiterverarbeitet werden.

- Festeres Baumobst, wie z. B. Zwetschgen, Äpfel oder Birnen, kann in einem Eimer oder großen Korb gesammelt werden.

- Früchte, die vom Baum gefallen sind und am Boden liegen, sind oft noch gut. Man sollte diese zuerst aufsammeln, bevor man die anderen erntet. In Holzkisten im Keller kann man sie auch etwas länger aufbewahren. Früchte, die faule Stellen oder Wurmlöcher haben, müssen aussortiert werden.

Erdbeermarmelade selber machen

Tipp

Ersetzen Sie einen Teil der Erdbeeren durch kleingeschnittenen Rhabarber. Dessen feine Säure harmonisiert sehr gut mit der Süße der Erdbeeren.

Zutaten für ca. 4 Gläser à 300 ml:
1 kg Erdbeeren
500 g Gelierzucker 2:1
Saft von ½ Zitrone

Zubereitung:

1. Die Erdbeeren behutsam waschen und das Grün abzupfen. Die Beeren je nach Größe vierteln oder halbieren.
2. Die Erdbeeren in einen hohen Topf geben. Den Gelierzucker hinzufügen und die Mischung verrühren.
3. Den Zitronensaft dazugeben und alles zum Kochen bringen.
4. Die Marmelade 4 Minuten sprudelnd kochen lassen. Den dabei entstehenden Schaum immer wieder mit einem Schaumlöffel abschöpfen.
5. Die Marmelade nach gelungener Gelierprobe in die vorbereiteten, sterilisierten Gläser füllen, sofort verschließen und abkühlen lassen.

Die Gelierprobe

Für die Gelierprobe eine kleine Menge der heißen Marmelade bzw. des heißen Gelees entnehmen und tropfenweise auf einen kleinen, möglichst kalten Teller geben. Wenn die Tropfen nach kurzer Zeit fest werden, ist die Gelierprobe gelungen.

Marmelade kochen

Fällt die Ernte im Garten reichlich aus, so empfiehlt es sich, daraus leckere Marmelade zu kochen. Im Prinzip eignen sich hierfür alle Obstsorten. Man kann sie auch untereinander mischen und mit Gewürzen, wie Vanille oder Zimt, ergänzen.

Alles was man zum Marmeladekochen braucht, sind frische Früchte, Gelierzucker und fest verschließbare Schraubgläser. Der Gelierzucker dient als Gelierhilfe, d.h. er sorgt dafür, dass die Marmelade fest wird. Man verwendet ihn im Verhältnis 1:1 – 1 Teil Obst und 1 Teil Zucker, wobei man möglichst nicht mehr als 1 kg Obst auf einmal verarbeiten sollte. Fruchtiger und weniger süß wird die Marmelade, wenn man Gelierzucker 2:1 nimmt, also 2 Teile Obst und 1 Teil Zucker.

Zuerst werden die Früchte gewaschen und Blätter, Stiele und Kerne entfernt. Dann werden sie nach Wunsch klein geschnitten oder in der Küchenmaschine püriert und mit dem Gelierzucker in einem großen Topf vermischt. Er darf nur bis zur Hälfte gefüllt sein. Nun erhitzt man alles unter Rühren und lässt es 4–6 Minuten kochen, bis die Masse geliert.

In der Zwischenzeit die Gläser und die Deckel heiß ausspülen und zum Abtropfen auf ein Küchentuch stellen. Die heiße Marmelade bis 2 cm unter den Rand in die Gläser

füllen, den Rand sauberwischen, das Glas fest zuschrauben und kopfüber auf ein Küchentuch stellen. Nach einigen Minuten wieder umdrehen und abkühlen lassen. Die Marmelade ist ungefähr ein Jahr haltbar.

Bauernregeln

- Im **Januar** nur wenig Schnee, tut Saaten, Wiesen und Bäumen weh!
- Nebel im **Februar**, Kälte das ganze Jahr!
- Siehst du im **März** gelbe Blumen im Freien, magst du getrost deinen Samen streuen!
- Je eher im **April** der Schlehdorn blüht, desto früher der Gärtner zur Ernte zieht!
- Gewitter im **Mai** bringen viele Früchte herbei!
- Ist der **Juni** warm und nass, gibt's viel Korn und noch mehr Gras!
- Im **Juli** muss vor Hitze braten, was im **September** soll geraten!
- **Augustregen** wirkt wie Gift, wenn er unsre Trauben trifft!
- Ein feiner **Septemberregen** kommt dem Gärtner stets gelegen!
- Bringt der **Oktober** viel Regen, ist's für den Garten ein Segen!
- Wenn's im **November** blitzt und kracht, im nächsten Jahr der Gärtner lacht!
- Ein milder **Dezember** mit viel Regen ist für die Ernte wahrlich kein Segen!

Die Ernte verarbeiten

Obst und Gemüse, das nicht gleich nach der Ernte verzehrt wird, kann auf verschiedene Weise haltbar gemacht werden, z. B. durch Trocknen, Einlegen oder Einfrieren. Vor allem das Trocknen von Obst ist eine Tätigkeit, die Kindern viel Freude bereitet.

Das Trocknen

Eine ganz einfache Methode der Haltbarmachung ist das Trocknen. Hierfür eignen sich Äpfel ganz besonders gut: Die Äpfel schälen und das Kerngehäuse entfernen. Dann die Äpfel in ca. 0,5 cm dicke Ringe schneiden und diese mit Zitronensaft einreiben. Die Ringe auf ein Tablett legen und auf die (eingeschaltete) Heizung stellen. Eine andere Möglichkeit ist es, die Ringe auf einen Faden oder eine Schnur zu ziehen und sie an einem warmen, gut durchlüfteten Ort aufzuhängen, z. B. auf dem Dachboden. Nach ca. 3 Wochen sind die Apfelringe getrocknet und können verzehrt oder in einer gut verschließbaren Dose aufbewahrt werden.

Das Einlegen

Diese Methode eignet sich besonders für Gemüse wie Karotten, Kürbis oder Zucchini: Das Gemüse klein schneiden, mit Salz mischen und 2–3 Stunden ziehen lassen. In der Zwischenzeit Essig mit Wasser, Zucker und Gewürzen aufkochen. Das Gemüse in die vorbereiteten Gläser füllen und mit dem heißen Essigsud übergießen. Die Gläser gut verschließen und an einem dunklen, kühlen Ort 4 Wochen ziehen lassen.

Für 1 kg Gemüse benötigt man 1 Liter Sud aus ½ Liter Wasser und ½ Liter Essig, 2 EL Zucker und 1 EL Pfeffer- und Senfkörnern.

Das Einfrieren

Vor dem Einfrieren muss das Obst bzw. das Gemüse geputzt, gewaschen, eventuell geschält und nach Bedarf zerkleinert werden. Gemüse sollte möglichst blanchiert werden, damit die Farbe erhalten bleibt. Zum Blanchieren wird das vorbereitete Gemüse für ca. eine Minute in kochendes Wasser gegeben.

Manche Gemüsesorten, wie z. B. Spargel, werden nicht blanchiert. Hier reicht es aus, ihn zu waschen, zu schälen und in verzehrfertige Stücke zu schneiden. Das Obst oder Gemüse in Gefrierbeutel oder -schalen verpacken und an die kälteste Stelle im Gefriergerät legen, damit es schneller durchfriert. Zum Verzehr muss man Obst und Gemüse nicht auftauen, sondern es kann sofort durch Kochen weiterverarbeitet werden. Eine Ausnahme hiervon bildet Beerenobst, das als Kuchenbelag verwendet wird.

Im Garten

Wenn wir im Garten spazieren gehen,
da gibt's zu hören gar viel und zu sehn,
da hören wir die Hummeln brummen
und hören die lieben Bienen summen,
und sehen, wie sie eilig wandern
von einer Blume zu der andern,
und wie sie sich holen den schönsten
Raub,
den Blütenwein und Blumenstaub.
Gott mög' euch fleißigen Bienen
verleihn
stets milde Luft und Sonnenschein
und Blümelein von den schönsten
Arten
auf allen euren Wanderfahrten!

August Heinrich Hoffmann von Fallersleben (1798–1874)

Achtung: Giftig!

Viele Blüten aus unseren Gärten sind zwar eine Augenweide, zählen aber zu den gefährlichsten Giftpflanzen. Aus Gärten, in denen Kinder spielen oder Haustiere sich aufhalten, sollte man diese Gewächse besser verbannen, da die Gefahr einer Vergiftung sehr hoch ist. Wenn im Garten Giftpflanzen wachsen, ist es auf jeden Fall ratsam, bei der Gartenarbeit Handschuhe zu tragen, da viele Giftstoffe auch über die Haut aufgenommen werden.

Zu den gefährlichsten heimischen Blütenpflanzen gehören u.a.:

- Der **Eisenhut** ist die giftigste Pflanze Europas. Bei einer Vergiftung muss sofort der Notarzt verständigt werden.
- Bereits kleinste Mengen der **Engelstrompete** führen zu Vergiftungserscheinungen, wie z. B. Erbrechen, Durchfall oder Halluzinationen.
- Die Pflanzenteile des **Goldregens** sind so giftig, dass seine Anpflanzung in der Nähe von Kindergärten und auf Spielplätzen sogar verboten ist.
- Der Kontakt mit der beliebten Pflanze **Oleander** kann zu allergischen Reaktionen und Herzrhythmusstörungen führen.
- Die **Herbstzeitlose** ähnelt dem Krokus, ist aber in allen Teilen äußerst giftig. Die Symptome reichen von Erbrechen über Lähmungen bis zu Kreislaufversagen.
- Der **Fingerhut** kommt zwar in minimalen Dosen in Herzmedikamenten zur Anwendung, als Pflanze kann sein Verzehr aber tödlich sein.

Was ist Unkraut?

Die Natur kennt eigentlich kein Unkraut – der Begriff wurde vom Menschen geschaffen, um bewusst angepflanzte und nutzbringende Pflanzen von solchen zu unterscheiden, die zufällig und ungewollt wachsen. Wie sehr die Bestimmung von Unkraut im Auge des Betrachters liegt, zeigt ein finnisches Sprichwort: *„Dem Fröhlichen ist jedes Unkraut eine Blume, dem Betrübten jede Blume ein Unkraut."*

So sehen z. B. Kinder auch ein Unkraut einfach nur als Blume an und erfreuen sich an den Blüten von Taubnesseln, Klatschmohn und Co. mindestens genauso wie an einer Dahlie oder Rose.

Tatsächlich sind viele sogenannte Unkräuter Wildkräuter, die sogar heilende Wirkung haben: Aus Brennessel, Löwenzahn oder Spitzwegerich werden Heilmittel und Tees zubereitet, die allgemein anerkannt sind. Als Pflanze im Garten sind sie aber nach wie vor nicht besonders beliebt … Vielleicht sollten sich Gartenliebhaber also eher an dem Ausspruch des Schriftstellers Wilhelm Raabe orientieren:
„Wie kahl und jämmerlich würde manches Stückchen Erde aussehen, wenn kein Unkraut darauf wüchse!"

Spannenlanger Hansel

2. „Lauf doch nicht so schnelle,
spannenlanger Hans!
Ich verlier die Birnen
und die Schuh' noch ganz."
„Trägst ja nur die kleinen,
nudeldicke Dirn,
und ich schlepp den schweren Sack
mit den großen Birn'."

Im Garten spielen

Familien mit Kindern wissen einen Garten besonders zu schätzen: Ihnen dient er nicht nur als Zierde und Ertragsquelle von Obst und Gemüse, sondern sie nutzen ihn in der Regel auch als Spielort. Hier können Kinder nach Herzenslust spielen, toben, rennen, Ball spielen, im Sandkasten buddeln, Hüttchen bauen, Geburtstage feiern und – natürlich unter Aufsicht der Eltern – sogar zelten, grillen oder in einer Feuerschale ein kleines Feuerchen entfachen. Die Möglichkeiten sind vielfältig und werden nur durch die Größe des Gartens und die Toleranz der Eltern begrenzt.

Ein Kinderspiel, das großen Spaß macht, ist das **Apfelbalancieren:**

Es werden benötigt:
- mindestens 2 Mitspieler
- 2 Seile oder Zweige
- pro Spieler 1 Apfel

Und so geht's:
Auf einem freien Platz im Garten wird eine Strecke von 20–30 Metern mithilfe von Zweigen oder Seilen abgegrenzt. Jeder Mitspieler bekommt einen Apfel und begibt sich an die Startlinie. Nun setzen sich die Mitspieler den Apfel auf den Kopf und beginnen mit dem Wettlauf, sobald ein Signal ertönt. Wem der Apfel beim Laufen vom Kopf fällt, der muss noch einmal an die Startlinie zurück und von vorne beginnen.

Es gewinnt der Mitspieler, der zuerst die Ziellinie erreicht. Der Wettlauf wird noch spannender, wenn in die Laufstrecke kleinere Hindernisse, wie z. B. Ast- oder Blätterhaufen, eingebaut werden.

Der etwas andere Garten

Kinder haben viel Freude daran, einen kleinen Garten selbst anzulegen. Neben den typischen Kräuter- oder Blumenbeeten gibt es hierfür vielfältige Möglichkeiten:

Schatzgarten

Eine Alternative zu aufwändig gepflegten Blumenbeeten ist ein kleiner Schatzgarten. Er erfordert nicht viel Arbeit und man kann ihn überall anlegen, sowohl in einer schattigen Ecke als auch in der Sonne. Ein Schatzgarten ist einfach eine Stelle im Garten, wo Kinder all ihre gesammelten Schätze, wie z. B. schöne Steine, Muscheln aus dem Urlaub oder auch lustig geformte Zweige und Wurzeln „anpflanzen“ können. Natürlich ist es auch möglich, die umliegenden Pflanzen in die Dekoration miteinzubeziehen. Man kann auch mehrere kleine Schatzgärten in einem großen Garten verteilen.

Stachelgarten

Ein Stachelgarten ist eigentlich ein transportabler Garten. Für einen Stachelgarten braucht man ein paar kleine Kakteen, am besten verschiedene, mit und ohne Blüten, Kakteenerde und eine ausreichend große Pflanzschale. Zuerst stellt man die kleinen Kakteen so in die Pflanzschale, wie sie später eingepflanzt werden sollen. Es ist sinnvoll, dass die Kinder dabei Handschuhe tragen, damit sie sich nicht stechen. Wenn ihnen das Bild, das dabei entsteht, gefällt, können sie die Kakteen einpflanzen.

Schauer- oder Gruselgarten

Der Schauergarten ähnelt dem Stachelgarten. Es werden aber keine Kakteen, sondern exotische Pflanzen, wie z. B. Lebende Steine, Venusfliegenfalle oder Sonnentau (beides fleischfressende Pflanzen) arrangiert. Bei der Auswahl muss darauf geachtet werden, dass sie ähnliche Lichtverhältnisse brauchen. Da die Pflanzen verschiedene Bodensorten bevorzugen, werden sie samt Topf in Kies gesetzt, damit man sie immer noch gießen kann.

Minigarten in der Kiste

Auch wer nicht das Glück hat, einen Garten zu besitzen, muss nicht auf ein kleines Gartenreich verzichten. In Form eines Minigartens können schon Kinder mit wenig Aufwand selbst einen Garten erschaffen. Im Obstladen besorgt man eine hübsche hölzerne Obstkiste, die zu Hause an einem hellen, unbeheizten Platz aufgestellt wird.

Das kann z. B. auf dem Balkon, der Terrasse oder auch auf einer breiten Fensterbank sein. Mit einer kleinen Plastikplane oder -tüte legt man die Kiste aus. Eine 1 cm dicke Schicht Sand bildet den Boden, darüber kommen 3 cm Blumenerde. Im Gartencenter findet man Pflanzen passend zur Größe des Minigartens. Gräser und kleine Farne kann man aus der Natur besorgen. Die Pflanzen werden dann nach Geschmack eingesetzt und die Zwischenräume mit Erde aufgefüllt. Vielleicht noch einige Steine, Muscheln oder kleine Tonfiguren dazwischensetzen – das sieht wirklich hübsch aus.

Ein solch kleiner Garten hat auch Vorteile – er macht wenig Arbeit. Da man lediglich regelmäßig gießen und die welken Blüten entfernen muss, ist der Minigarten die perfekte Möglichkeit für Kinder, sich an die Natur heranzutasten.

Herr von Ribbeck auf Ribbeck im Havelland

Herr von Ribbeck auf Ribbeck im Havelland,
ein Birnbaum in seinem Garten stand,
und kam die goldene Herbsteszeit
und die Birnen leuchteten weit und breit,
da stopfte, wenn's Mittag vom Turme scholl,
der von Ribbeck sich beide Taschen voll,
und kam in Pantinen ein Junge daher,
so rief er: „Junge, wiste 'ne Beer?"
Und kam ein Mädel, so rief er: „Lütt Dirn,
kumm man röwer, ick hebb 'ne Birn."

So ging es viel Jahre, bis lobesam
der von Ribbeck auf Ribbeck zu sterben kam.
Er fühlte sein Ende, 's war Herbsteszeit,
wieder lachten die Birnen weit und breit;
da sagte von Ribbeck: „Ich scheide nun ab.
Legt mir eine Birne mit ins Grab."
Und drei Tage drauf, aus dem Doppeldachhaus,
trugen von Ribbeck sie hinaus,
alle Bauern und Büdner mit Feiergesicht
sangen „Jesus meine Zuversicht",
und die Kinder klagten, das Herze schwer:
„He is dod nu. Wer giwt uns nu 'ne Beer?"

So klagten die Kinder. Das war nicht recht –
ach, sie kannten den alten Ribbeck schlecht;
der neue freilich, der knausert und spart,
hält Park und Birnbaum strenge verwahrt.
Aber der alte, vorahnend schon
und voll Misstraun gegen den eigenen Sohn,
der wusste genau, was damals er tat,
als um eine Birn' ins Grab er bat,
und im dritten Jahr aus dem stillen Haus
ein Birnbaumsprössling sprosst heraus.

Und die Jahre gingen wohl auf und ab,
längst wölbt sich ein Birnbaum über dem Grab,
und in der goldenen Herbsteszeit
leuchtet's wieder weit und breit.
Und kommt ein Jung' übern Kirchhof her,
so flüstert's im Baume: „Wiste 'ne Beer?"
Und kommt ein Mädel, so flüstert's: „Lütt Dirn,
kumm man röwer, ick gew' di 'ne Birn."
So spendet Segen noch immer die Hand
des von Ribbeck auf Ribbeck im Havelland.

Theodor Fontane
(1819–1898)

Kleines Pflanzenlexikon

Wer einen Ziergarten anlegen möchte, steht vor der Frage, welche Pflanzen hierfür am besten geeignet sind. Generell lässt sich sagen, dass heimische Blumen immer die bessere Wahl sind. Sie fügen sich in das Landschaftsbild ein und haben optimale Wachstumsvoraussetzungen.

Es gibt einjährige und mehrjährige Pflanzen: Einjährige Blumen müssen jährlich neu ausgesät werden, mehrjährige sind Zwiebelgewächse und Stauden, die für mehrere Jahre im Beet bleiben. Für eine ganzjährige Blütenpracht, ist es günstig, Blumen aus allen drei Kategorien zu pflanzen. Welche Blumen zu welcher Jahreszeit blühen, zeigt der folgende Überblick:

Frühling:
Akelei, Anemone, Blaustern, Hyazinthe, Krokus, Küchenschelle, Leberblümchen, Maiglöckchen, Margerite, Märzenbecher, Mohnblume, Narzisse, Pfingstrose, Primel, Schachbrettblume, Schlüsselblume, Stiefmütterchen, Tränendes Herz, Tulpe, Veilchen, Vergissmeinnicht, Zierlauch

Sommer:
Begonie, Dahlie, Eisenhut, Gladiole, Glockenblume, Hortensie, Lilie, Löwenmäulchen, Margerite, Nelke, Petunie, Phlox, Ringelblume, Rittersporn, Schmuckkörbchen, Sonnenblume, Sonnenhut, Stiefmütterchen, Stockrose, Tagetes, Wicke, Zinnie

Herbst:
Alpenveilchen, Aster, Chrysantheme, Dahlie, Fetthenne, Herbstanemone, Herbstzeitlose, Phlox

Winter:
Christrose, Erika, Schneeglöckchen, Winterling, Winterjasmin, Zaubernuss

Blaue Hortensie

So wie das letzte Grün in Farbentiegeln
sind diese Blätter, trocken, stumpf und rau,
hinter den Blütendolden, die ein Blau
nicht auf sich tragen, nur von ferne spiegeln.

Sie spiegeln es verweint und ungenau,
als wollten sie es wiederum verlieren,
und wie in alten blauen Briefpapieren
ist Gelb in ihnen, Violett und Grau;

Verwaschenes wie an einer Kinderschürze,
Nichtmehrgetragenes, dem nichts mehr geschieht:
wie fühlt man eines kleinen Lebens Kürze.

Doch plötzlich scheint das Blau sich zu verneuen
in einer von den Dolden, und man sieht
ein rührend Blaues sich vor Grünem freuen.

Rainer Maria Rilke
(1875–1926)

Blätter trocknen und pressen

Vor allem Kindern macht es viel Spaß, schöne Blätter, die sie unterwegs oder im Garten gefunden haben, zu trocknen und zu pressen. Gerade im Herbst haben die Blätter von vielen Bäumen, wie dem Ahorn, wunderschöne Farben. Aus den gepressten Blättern kann man ein Herbarium machen, in dem man notiert, von welcher Pflanze das Blatt stammt und wann und wo es gefunden wurde. Oder man verziert mit ihnen Lesezeichen, die aus Tonpapier ausgeschnitten werden, oder bastelt daraus Karten.

Kastanie

Eiche

Außer schönen Blättern braucht man dicke, schwere Bücher und mehrere Lagen Löschpapier. Das Löschpapier wird in der Mitte gefaltet. Dann platziert man die Blumen und Blätter so dazwischen, dass sie sich nicht berühren und nicht übereinander liegen. Anschließend wird das Ganze zwischen die Seiten eines der dicken Bücher gelegt. Dabei sollten zwischen den einzelnen Löschpapiermäppchen immer mehrere Buchseiten liegen. Die anderen Bücher werden oben drauf gelegt, damit die Blätter mit Druck gepresst werden. Nach ca. 3 Wochen sind die Blätter fertig gepresst. Beim Basteln sollte man vorsichtig im Umgang mit den getrockneten Blättern sein, denn sie sind spröde und brechen leicht.

Herbstfeuer und Stockbrot

Ahorn

Buche

Wenn im Herbst kleine Ästchen im Garten gesammelt werden, kann sich die ganze Familie an einem kleinen Herbstfeuer zusammenfinden. Das Feuer sollte allerdings nur in einer Feuerschale entfacht werden, die möglichst weit entfernt von den Wohnhäusern aufgestellt werden soll. Ein offenes Feuer zu entfachen ist ohne Genehmigung nicht erlaubt.

Bei Kindern besonders beliebt ist das Stockbrot: Hierfür sucht man sich Stöcke, die man an einem Ende mit einem Messer von der Rinde befreit. Der vorbereitete Teig wird dann darum gewickelt und ca. 5–10 Minuten unter häufigem Drehen über dem Feuer gebacken, bis er hellbraun und knusprig ist. Das etwas abgekühlte Stockbrot wird direkt vom Stock geknabbert!

Zutaten für Stockbrot-Teig:
350 g Mehl
1 Päckchen Trockenhefe
1 EL Zucker
250 ml lauwarme Milch
etwas Salz
1 EL Öl

Zubereitung:

1. Alle Zutaten in der Küchenmaschine zu einem glatten Teig verkneten, dann ca. 30 Minuten gehen lassen.

2. Den Teig in ca. 10 Portionen teilen und zur Rolle formen. Diese kurz vor dem Backen um den vorbereiteten Stock wickeln.

Kürbisse und Halloween

Im Herbst haben die Kürbisse Saison. Es gibt Hunderte von Sorten, aber die bekanntesten und beliebtesten sind der Hokkaido, der Gartenkürbis, der Muskat- und der Butternusskürbis. Hokkaiso, Muskat- und Butternusskürbis sind schmackhafte Speisekürbisse. Zum Aushölen eignet sich besser der Gartenkürbis, da er eine sehr feste Schale hat.

Wer Kürbisse im eigenen Garten anbauen möchte, muss daran denken, dass sie ganz viel Platz in Anspruch nehmen, da sie sehr stark ranken. Außerdem brauchen sie einen sehr nährstoffreichen Boden, weswegen Kürbis gerne neben einen Komposthaufen gesetzt wird.

Kürbissuppe

Kürbisse schmecken nicht nur gut, sie ziehen auch eine lustige Grimasse, wie an Halloween. So können Kinder dem Kürbis ein Gesicht verleihen: Man sucht einen einigermaßen großen Kürbis aus, damit ein schönes Gesicht Platz hat. Außerdem sind Kürbisse mit einer matten Oberfläche besser geeignet. Am besten besorgt man den Kürbis gemeinsam mit den Kindern und hilft ihnen dann beim Schneiden und Aushöhlen.

Als Erstes braucht man das richtige Werkzeug: ein schmales, langes Messer, um den Deckel auszuschneiden und später das Gesicht, und einen Eisspachtel oder stabilen Löffel, um ihn auszuhöhlen. Beim Aushöhlen muss darauf geachtet werden, dass die Schale nicht zu dünn wird, sonst knickt der Kopf schnell ein. Das Gesicht zeichnet man am besten auf Papier vor und überträgt es dann mit Bleistift oder Kugelschreiber auf den Kürbis. Als Letztes wird nur noch das Gesicht herausgestochen, ein Teelicht hineingestellt und fertig ist ein neuer Partygast für die Halloween-Party! Übrigens: Das ausgehöhlte Kürbisfleisch kann man für eine Kürbissuppe verwenden!

Zutaten für 4 Personen:
1 Zwiebel
1 Karotte
500 g Kürbisfleisch
2 EL Olivenöl
800 ml Gemüsebrühe
200 ml süße Sahne
1 TL frisch geriebener Ingwer
Pfeffer, Salz

Zubereitung:

1. Die Zwiebel, die Karotte und den Kürbis putzen und in kleine Würfel schneiden. Das Kürbisfleisch ebenfalls klein schneiden.

2. In einem großen Topf das Öl erhitzen und das Gemüse darin unter Rühren andünsten. Dann die Brühe und die Sahne dazugeben und bei mittlerer Hitze ca. 30 Minuten köcheln lassen.

3. Die Suppe pürieren und nach Belieben mit Ingwer, Pfeffer und Salz würzen.

Der Garten im Winter

Obwohl der Garten im Winter eine Ruhepause einlegt, kann man ihn bei entsprechendem Wetter dennoch nutzen. Vor allem für Kinder, die ja zu jeder Jahreszeit gerne draußen sind, gibt es jetzt noch Möglichkeiten, im Garten aktiv zu werden.

Gleich zu Beginn des Winters, wenn das Laub zusammengerecht wird, bietet es sich an, einen **Laubhaufen** aufzubauen. Dieser ist das ideale Winterquartier für Igel – aber bevor er einzieht, dürfen sich die Kinder schon mal hineinfallen lassen!

Wenn dann der erste Schnee gefallen ist, gibt es kein Halten mehr: Jetzt wird ein **Schneemann** gebaut! Noch eine schöne Karotte hineingesteckt und einen alten Hut aufgesetzt – und fertig ist sein Outfit.

Eine Bastelei, die nur bei Dauerfrost gelingt, ist ein **Eislicht**. Dafür wird ein Plastikeimer mit Wasser gefüllt und über Nacht nach draußen gestellt. Bis zum nächsten Tag sind die Seiten und die Oberfläche gefroren, am Boden ist das Wasser noch flüssig. Wenn man nun den Eimer umdreht, fließt das Wasser heraus und zurück bleibt eine Eisform. Mit einem Teelicht oder einer Kerze darin, kann das Eislicht den Garten stimmungsvoll beleuchten.

Meisenknödel selber machen

Wenn der Garten mit Schnee bedeckt oder der Boden festgefroren ist, finden die heimischen Vögel, die nicht gen Süden gezogen sind, kein Futter. Mit einer Futterstelle kann man ihnen helfen, gut über den Winter zu kommen. Dazu ist nicht unbedingt ein Vogelhäuschen nötig, es reicht bereits aus, Meisenknödel oder Futterglocken aufzuhängen. Um einen Meisenknödel herzustellen, braucht man ca. 150 g Rindertalg oder anderes Tierfett, ca. 150 g Körnermischung und ein Stück Kordel. Nun wird das Fett in einem Topf solange erhitzt, bis es schmilzt. Dann gibt man die Körnermischung dazu, verrührt alles gut und lässt das Gemisch abkühlen. Wenn es schon etwas fest, aber noch formbar ist, formt man daraus Knödel und arbeitet dabei die Kordel mit ein, mit der er später aufgehängt wird.

Am besten hängt man den Meisenknödel an einen Platz, an dem man von drinnen die Vögel beim Picken beobachten kann. Auch sollte dieser Ort möglichst schattig sein, damit die Sonne, die auch im Winter Kraft haben kann, das Fett nicht aufweicht.

Industriestraße 19
64407 Fränkisch-Crumbach 2021
www.titania-verlag.de

Illustrationen: Fritz Baumgarten
Layout, Satz und Umschlaggestaltung:
design cat GmbH

ISBN 978-3-86472-703-0

Bildnachweis:
Shutterstock: Natalya Levish 20; design36 29, 37, 47, 57; chronicler 58, 59; lenaalyonushka 4, 5